Gitarre
Blockflöte
(Sopran)
Blockflöte
(Alt)
Lotosflöte
Klangbausteine
Glockenspiel
Xylofon
Metallofon

FIDELIO 1

Musik in der Grundschule

Autorinnen und Autor:
Birgit Braun-Rehm
Micaela Grüner
Petra Küfner
Reinhold Wirsching
Dorothea Zigldrum

Illustrationen: Dunja Schnabel

westermann

Zeichenerklärung:

- Becken
- Claves (Klanghölzer)
- Fingerzimbeln
- Große Trommel
- Guiro
- Handtrommel
- Holzblocktrommel
- Klangbaustein
- Rasseln (Maracas)
- Schellenkranz
- Schellenring
- Schellentrommel
- Triangel

❶ ❷ Hier gibt es ein Hörbeispiel auf der CD 1 oder 2

Inhalt

Die Jahreszeiten

Ich, du, wir

An musikalische Vorerfahrungen der Kinder anknüpfen.

Die in der Klasse bereits bekannten (Kindergarten-) Lieder anhand der Bilder benennen und gemeinsam singen.

Lieder in verschiedenster Form (Liederbuch, Bild, Tonträger, …) von den Kindern mitbringen lassen.
Anschauen, anhören, singen.

Begrüßungssituationen beschreiben und spielen; kleine Dialoge sprechen und singen. Begrüßungslied erlernen und den Liedinhalt in Bewegung umsetzen.
Zusatzangebot: Rufterz (c, a) von Kindern, die bereits flöten, auf der Blockflöte spielen lassen.

? ?

?

Klangeigenschaften, Aussehen und Bezeichnungen der dargestellten Instrumente kennenlernen. Detailfoto dem zugehörigen Gesamtbild zuordnen. Kurz- und Langklinger unterscheiden. Experimentieren mit Klangfarben; Improvisieren und Gestalten kleiner Begrüßungs- und Verabschiedungsdialoge.

Heut ist ein Tag ❶ 2

Text: Lore Kleikamp,
Melodie: Detlev Jöcker

2. Heut ist ein Tag, an dem ich lachen kann,
heut ist ein Tag, an dem ich lachen kann.
Ist das nicht ein Tag, an dem ich froh sein kann?
Ja, das ist ein Tag, an dem ich froh sein kann.

3. Heut ist ein Tag,
an dem ich … kann,
…

Tageslauf des abgebildeten Kindes beschreiben. Über den eigenen Tagesablauf berichten und diesen malen.
Weiterdichten des Liedtextes durch Einfügen einzelner Tagesaktivitäten in den Liedtext.

Alle Kinder lernen lesen

❶ 3/4

Text: Wilhelm Topsch,
Melodie: mündlich überliefert

2. „O“, sagt am Ostersonntag jeder Osterhas.
„O“, sagt der Ochse, der die Ostereier fraß.
„U“, sagt der Uhu, wenn es dunkel wird im Wald,
und wir singen, dass es schallt:
Alle Kinder lernen lesen, …

3. „Ei“, sagt der Eisbär, der in einer Höhle haust.
„Au“, sagt das Auto, wenn es um die Ecke saust.
„Eu“, sagt die Eule, „heute sind die Mäuse scheu!“
Und wir singen noch mal neu:
Alle Kinder lernen lesen, …

Erlernen des Liedtextes mithilfe der Bilder. Begleitung des Refrains (Kehrverses) mit Körperinstrumenten (rhythmisches Klatschen in Vierteln).

Eia weia weg

Text: mündlich überliefert,
bearbeitet von Micaela Grüner

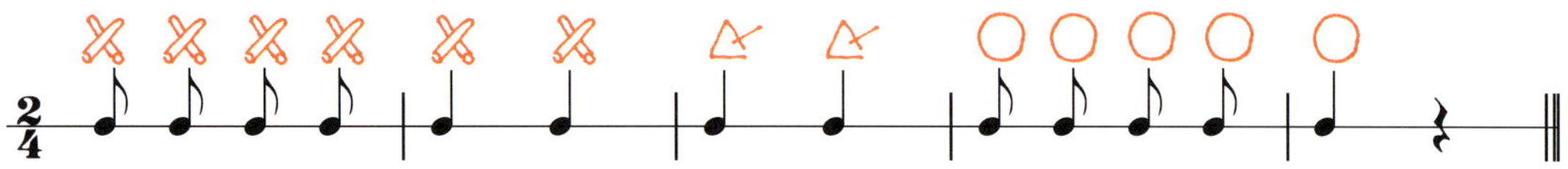

A - le ma - le	mink - mank	pink - pank	ei - a wei - a	weg!
E - le me - le	mink - menk	pink - penk	ei - a wei - a	weg!
I - le mi - le	mink - mink	pink - pink	ei - a wei - a	weg!
O - le mo - le	mink - monk	pink - ponk	ei - a wei - a	weg!
U - le mu - le	mink - munk	pink - punk	ei - a wei - a	weg!

Die im (Noten-) Bild dargestellten Abzähl-, Klatsch- und Seilspringverse rhythmisch sprechen. Bewusstes Formen und Spüren der verschiedenen Vokale. Nachvollziehen des Sprechrhythmus mit Körperinstrumenten oder elementaren Schlaginstrumenten.

Abendlied ❶ 5

Text: Lore Kleikamp,
Melodie: Detlev Jöcker

2. Tief unter ihm das stille Land, es ruht vom Tag sich aus.
   Es schläft die Wiese, schläft der Wald, es schlafen Feld und Haus.
   Mh, mh, …

3. Auch ich bin müd vom langen Tag. Bald schlaf ich tief und fest.
   Ich kuschel mich ins weiche Bett, wie's Vogelkind ins Nest.
   Mh, mh, …

4. Dich, lieber Gott, ruf ich nun an. Von Herzen bitte ich:
   Nimm du die Welt in deine Hand, den Mond, das Land und mich.
   Mh, mh, …

Vor Liedbeginn recken, strecken und gähnen. Beim Erlernen des Liedes auf anstrengungsfreies Singen des „mh, mh, …" achten (geschlossene Lippen, geöffneter Kiefer).

Komm, steig ein!

Situation auf dem Bahnsteig beschreiben. Was könnte der Mann, der den Zug noch erreichen will, rufen?

Bewusstes rhythmisches Sprechen des Kinderreims „Eisenbahn, Eisenbahn“. Nachvollziehen des Sprechrhythmus mit Körperinstrumenten.

War einmal ein Elefant

1 6/7

Text und Melodie:
Günther Kretzschmar

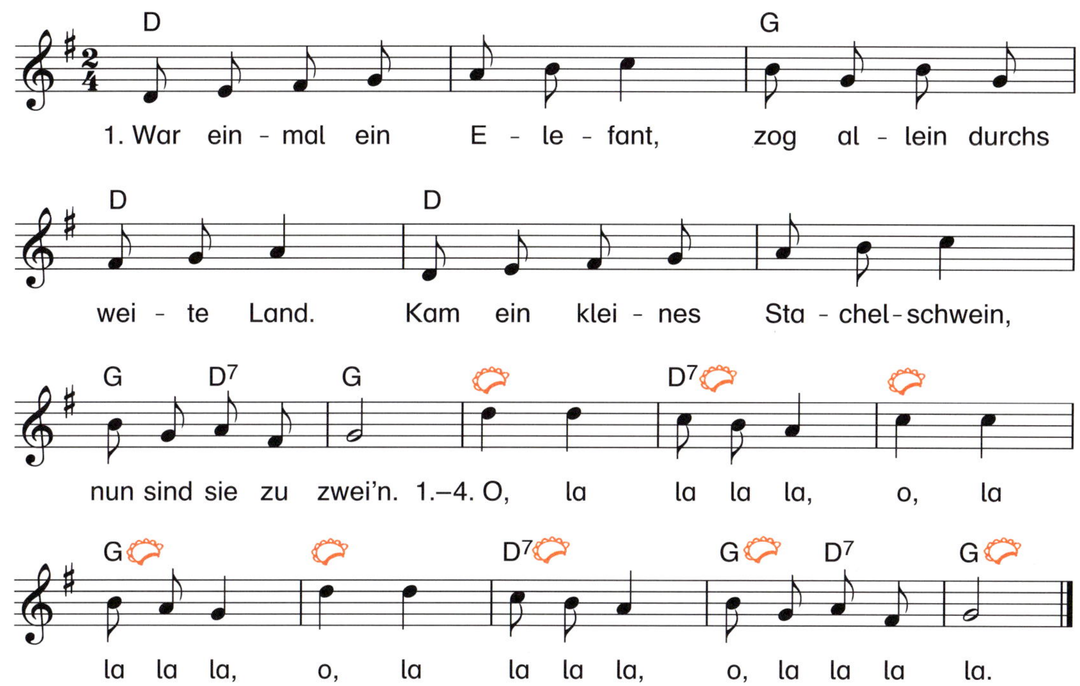

2. Elefant und Stachelschwein
liefen in den Wald hinein.
Sagt der Bär: „Nehmt mich doch mit,
dann sind wir zu dritt."
O, la la la la, …

3. Kamen an ein kleines Haus,
Schnecke guckt zur Türe raus.
„Komm mit uns und bleib nicht hier,
dann sind wir schon vier."
O, la la la la, …

4. Quakt ein Frosch vom Graben her:
„Nehmt mich mit, ich bitt euch sehr."
Schnell verlässt er Teich und Sümpf'.
Und nun sind sie fünf.
O, la la la la, …

5. Wer bis fünfe zählen kann,
ist gewiss ein kluger Mann.
Wer's noch nicht kann, lernt es schnell
hier an dieser Stell.
Eins, zwei, drei, vier, fünf, …

Liedinhalt mithilfe der Bilder erschließen/nachvollziehen.

Refrain (Kehrvers) des Liedes mit Schellenkranz oder anderen elementaren Schlaginstrumenten begleiten.

Herausfinden, welches Tier sich welchen Fahrschein ziehen muss.
Tiernamen den rhythmischen Bausteinen sprechend und klatschend zuordnen (z.B. E-le-fant = ▬ ▬ ▬▬).

Die Tiere aufgrund ihres Fahrscheins in Abteil 1, 2, 3 oder 4 einsteigen lassen. Dabei die Namen der Tiere bewusst rhythmisch sprechen.
Zusatzangebot: Weitere Tiernamen rhythmisch sprechen und auch diese Tiere in den Zug einsteigen lassen.

Mit der Bummelbahn ❶ 8

Text und Melodie:
Gerda Bächli

Gestaltung einer Eisenbahnfahrt mit verschiedenen Vokalen, Konsonanten, Atem- und Stimmgeräuschen (stimmlose s-, f-, sch-Laute).
Spiellied singen und Ortsnamen in Bewegung umsetzen. Je zwei Bilder zu weiteren Ortsnamen zusammensetzen und diese ebenfalls singend und spielend gestalten.

Wenn der Bär verreisen will ❶ 9/10

Text: Frantz Wittkamp,
Melodie: Dorothée Kreusch-Jacob

2. Wenn er nichts zu fressen hat,
dann sucht der Bär sich Futter.
Und wenn er selbst nichts finden kann,
dann fragt er seine Mutter.
Jollaladihi, jollaladihjo!
Dann fragt er seine Mutter.

3. Manchmal ist der Bär allein,
dann kommt er mich besuchen.
Wir trinken ein Glas Gänsewein*
und essen Marmorkuchen.
Jollaladihi, …

*Gänsewein = Wasser

4. Morgen wird das Wetter gut,
dann sitzt der Bär im Garten.
Er spielt mit Freunden Fang den Hut
und Domino und Karten.
Jollaladihi, …

5. Wenn der Bär spazieren geht,
dann singt er Wanderlieder.
Schade ist, er kennt nur eins,
das singt er immer wieder.
Jollaladihi, …

Liedinhalt mithilfe der Bilder erschließen/nachvollziehen.
Die letzte Liedzeile mit Rasseln oder anderen Schlaginstrumenten begleiten.

Astrid Apfelkuchen

❶ 11/12

Text und Melodie:
Klaus Neuhaus

Ich heiß …
2. Wir haben einen großen Garten
hinter unserm Haus,
dort spielen wir Verstecken –
eins, zwei, drei, und du bist aus.

Ich heiß …
3. Wir füttern unsre Hühner,
unsre Gänse und das Pferd
und kochen uns Spaghetti
in der Küche auf dem Herd.

Ich heiß …
4. Wenn du das willst,
dann möchte ich gern deine Freundin sein,
dann bin ich endlich, endlich,
endlich nicht mehr so allein.

Inhalt des Liedes mithilfe der Bilder beschreiben/nachvollziehen. Refrain (Kehrvers) zunächst rhythmisch sprechen, dann singen.

Der Hundebus ❶ 13

Text und Melodie:
Christa Wißkirchen

2. Um zwei Uhr kommt
der Katzenbus, …
Da geht es: Miau, miau, …

3. Um drei Uhr kommt
der Hühnerbus, …
Da geht es: Gack, gack, …

4. Um vier Uhr kommt
der Ziegenbus, …
Da geht es: Meck, meck, …

5. Um fünf Uhr kommt ein großer Bus,
ein Omnibus, ein Omnibus,
und da passen alle rein.
Da geht es: Wau, wau, wau und
miau, miau, miau,
oh, wie ist das Leben schön!
Und gack, gack, gack und
meck, meck, meck,
guten Tag, auf Wiederseh'n.

Lied durch Vor- und Nachsingen erlernen. Ein zum Liedtext passendes Leporello anfertigen. Weitere Strophen erfinden.

Von Kopf bis Fuß

Das Lied über mich

1 14/15

Text und Melodie: Volker Rosin

2. Es gibt Lieder über Autos, brumm, brumm, brumm.
Und auch Lieder über Bienen, summ, summ, summ.
Nur das eine Lied, das gibt's noch nicht,
und das ist das Lied über mich.
Ich hab …

3. Es gibt Lieder übers Lachen, ha, ha, ha.
Und auch Lieder übers Schimpfen, na, na, na.
Nur das eine Lied, das gibt's noch nicht,
und das ist das Lied über mich.
Ich hab …

4. Es gibt Lieder übers Trinken, gluck, gluck, gluck.
Und auch Lieder übers Hühnchen, tuck, tuck, tuck.
Nur das eine Lied, das gibt's noch nicht,
und das ist das Lied über mich.
Ich hab …

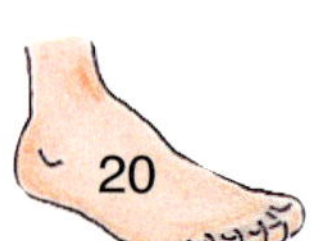

Refrain (Kehrvers) des Liedes mithilfe textbegleitender Gesten (Zeigen der Körperteile), Strophen anhand der Bilder erlernen.
Den Wechsel zwischen dem immer Unterschiedlichen (Strophe) und dem Wiederkehrenden (Refrain/Kehrvers) bewusst nachvollziehen. Ich-Bilder malen.

Dargestellte Bewegungsformen beschreiben und nachstellen; eigene Bewegungsmöglichkeiten entdecken. Sich gegenseitig in eine der abgebildeten Posen „modellieren“. Andere Kinder raten lassen, welche Pose dargestellt wurde. Zusatzangebot: Eigene Posen ausprobieren und vorstellen.

Siebensprung ❶ 16

Text und Melodie:
mündlich überliefert aus Mecklenburg

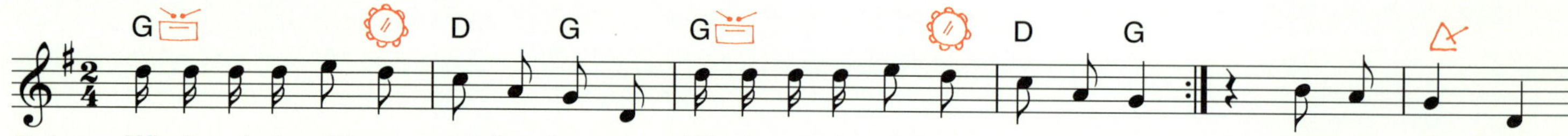

Refrain Wi-de-wi-de-witt, wir wol-len tan-zen. Wi-de-wi-de-witt, wir tan-zen so:

1. Das ist ein - mal.
+2. Das ist zwei - mal.
+3. Das ist drei - mal.
+4. Das ist vier - mal.
+5. Das ist fünf - mal.
+6. Das ist sechs - mal.
+7. Das ist sieben - mal.

Zum Refrain (Kehrvers) im Kreis laufen. In jeder Strophe einen Sprung hinzufügen (Kettenlied).

Den Refrain (Kehrvers) abwechselnd mit Holzblocktrommel und Schellentrommel im Liedrhythmus mitspielen. Für jeden Sprung Triangelimpuls setzen.

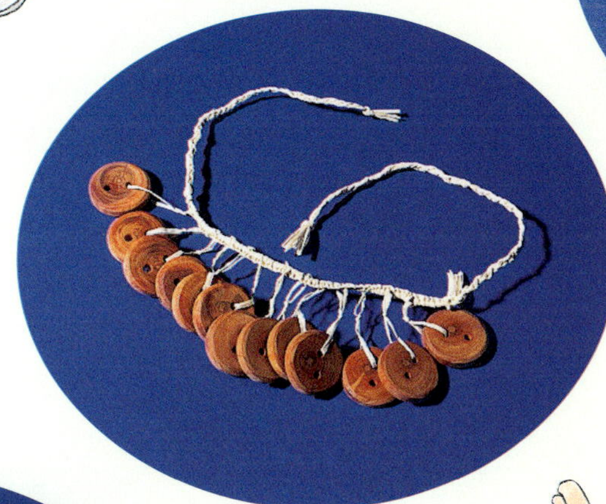

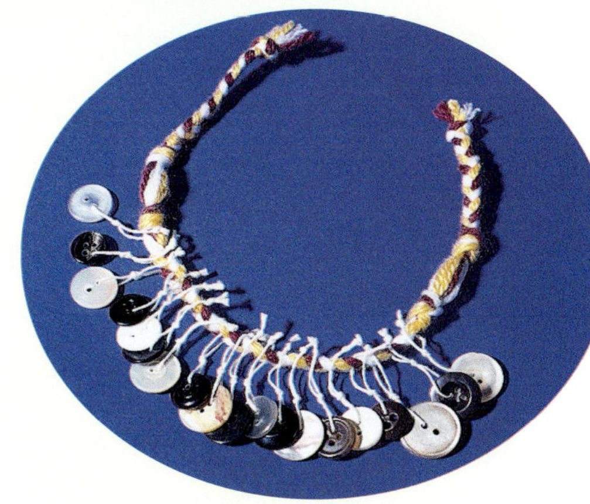

Tanzschmuck basteln. In freier Bewegung (zu beliebiger Musik) die Klänge des Tanzschmuckes erkunden. Dabei verschiedene Raumebenen (aufrecht, gebückt usw.) ausnutzen. Anschließend mit dem Tanzschmuck den Siebensprung tanzen.

Das Wachmacherlied ❶ 17

Text: Lore Kleikamp,
Melodie: Detlev Jöcker

Sich ausgiebig recken und strecken. Dabei gähnen und stöhnen (im Glissando abwärts) – eine Pause einlegen!
Lied und Bilder als Anlass nehmen sämtliche Körperteile zu aktivieren.

Es tanzt ein Bi-Ba-Butzemann

1 18–21

Text: Jacob Grimm,
Melodie: aus Thüringen, 19. Jahrhundert

Lied singen. Hörbeispiele CD 1/18–21 (F. Lehrndorfer: Orgelvariationen über den Bi-Ba-Butzemann) hören. Merkmale der Musik beschreiben und darüber die jeweilige Stimmung des „Butzemanns" erfassen. Abbildungen den einzelnen Hörbeispielen zuordnen. Sich zur Musik bewegen.

Afrikanisches Begrüßungslied ❶ 22

Text und Melodie:
mündlich überliefert aus Ghana

All meine Gedanken (1) sind bei dir. (2) All meine Worte (3) sind bei dir. (4) All meine Gefühle (5) sind bei dir. (6) Ich komme in Frieden (7) und trage keine Waffen. (8)

Lied durch Vor- und Nachsingen erlernen. Gesten erarbeiten und diese zum Lied ausführen.
Lied mit Handtrommel (oder anderen Fellinstrumenten) begleiten.

Portugiesisches Tanzlied ❶ 23/24

Text und Melodie:
mündlich überliefert aus Portugal

Textbedeutung:

1. Der Krebs ist kein Fisch.
Der Krebs ist ein Fisch.
Der Krebs ist nur dann ein Fisch,
wenn die Flut kommt.

2. Ich klatsche, klatsche, klatsche.
Ich stampfe, stampfe, stampfe.
Ich drehe mich im Kreis.
Der Krebs ist ein Fisch.

2. Ora palma, palma, palma.
Ora pé, pé, pé.
Ora roda, roda, roda.
Caranquejo peixe é.

Text mit den Kindern sprechen und inhaltlich klären. Inhalt der zweiten Strophe in Bewegung umsetzen.

Eine Reise zu den Sternen

Eine Reise zu den Sternen,
da entdecken wir die Welt.
Eine Reise in die Ferne,
dazu brauchen wir kein Geld.

2. Steig schnell ein und schnall dich an,
dass das Raumschiff starten kann.
Steig schnell ein und schnall dich an,
dass das Raumschiff starten kann.

Mit dem Hörbeispiel CD 1/25 (G. Holst: Die Planeten) in der Fantasie ins Weltall reisen. Über Höreindrücke und Erlebnisse sprechen und diese in einem Bild festhalten. Lied für den „konkreten", klasseneigenen Weltraumausflug erlernen. Gestische Darstellung des Textinhaltes mit einbeziehen.

Die Aufnahme (Hörbeispiel CD 1/28) anhören. In Stimmexperimenten ähnliche Sprachäußerungen produzieren und die dargestellten Situationen durch Variation von Lautstärke, Tonhöhe und Betonung stimmungsgemäß gestalten. Eigene Ergebnisse aufnehmen, anhören, besprechen.

Das Lied vom Nasofon 1 29

Text, Melodie
und Bastelidee: Karl Franz

Lied erlernen. Das „Lied des Nasofons“ (letzte Liedzeile) anhand der Bilder, Wörter und rhythmischen Bausteine in der Sprechblase entschlüsseln. Mit dem selbst gebastelten „Nasofon“ die letzte Zeile des Liedes im Liedrhythmus mitspielen.

Besonderheiten der abgebildeten (Bewegungs-) Planeten beschreiben und umsetzen.

Zusatzangebot: Weitere Planeten erfinden.

Die Maus auf Weltraumreise

❶ 30/31

Text und Melodie:
Volker Rosin

Ich habe …
2. Die Batterie-rie-rie
als Energie-gie-gie.

Ich habe …
3. Das Mikrofon-fon-fon
ist für den Ton-Ton-Ton.

Ich habe …
4. Auch etwas Speck-Speck-Speck
kommt ins Gepäck-päck-päck.

Refrain (Kehrvers) erlernen. Inhalte der Strophen aufgrund rhythmischer Besonderheit zunächst sprechend, dann singend erschließen.
Liedstrophen mit Instrumenten begleiten. Das Abheben der Rakete mit Stimmgeräuschen (stimmlose sch-, pss-, …-Laute) gestalten.

Blinke, blinke, kleiner Stern

1 32/33

Text: Wilhelm Twittenhoff,
Melodie: Diethard Wucher

Lied singen. Klangeigenschaften, Aussehen und Bezeichnung des Glockenspiels kennenlernen. Verschiedene Spielweisen, Anschlagsarten und Klangwirkungen erkunden. Eigene Spielverläufe grafisch festhalten. Alleine oder gemeinsam mit anderen Kindern eine „Sternenmusik“ erfinden.

Traumschifflein ❶ 34

Text und Melodie:
Gerda Bächli

2. Jetzt geht's den Sternensee entlang,
dort grast das Nebelschaf.
Es schubst dich leicht, doch sei nicht bang,
nur so – du spürst es kaum im Schlaf.
Lass los! Lass geh'n!
Schon landen wir vor deinem Haus
und du steigst wieder aus.

Die ruhige Stimmung des Liedes sowie den schaukelnden Dreiertakt durch Singen der Melodie auf Tonsilbe „nu" anbahnen. Quart- und Oktavsprung (M-mmh) als melodische Besonderheit mit Stimmglissandi vorbereiten. Jeweils zu dritt ein Traumschiff „bauen", in dessen Mitte abwechselnd ein Kind geschaukelt wird.

Du hast uns deine Welt geschenkt ❶ 35

Text: Rolf Krenzer,
Melodie: Detlev Jöcker

2. Du hast uns deine Welt geschenkt,
die Länder, die Meere.
Du hast uns deine Welt geschenkt.
Herr, wir danken dir.

3. Du hast uns deine Welt geschenkt,
die Sonne, die Sterne.
Du hast uns deine Welt geschenkt.
Herr, wir danken dir.

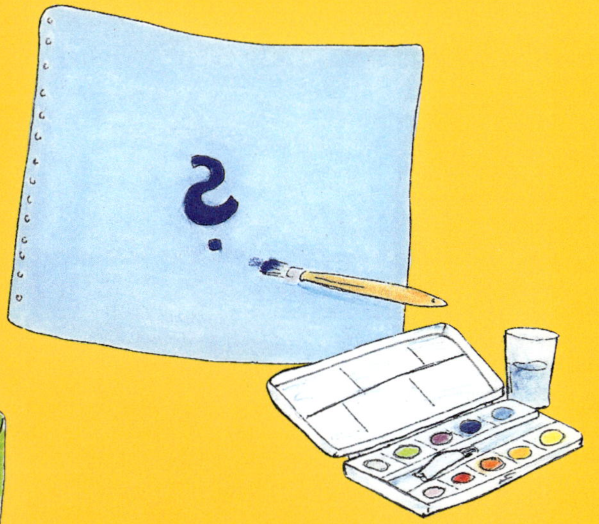

4. Du hast uns deine Welt geschenkt,
die Blumen, die Bäume.
Du hast uns deine Welt geschenkt.
Herr, wir danken dir.

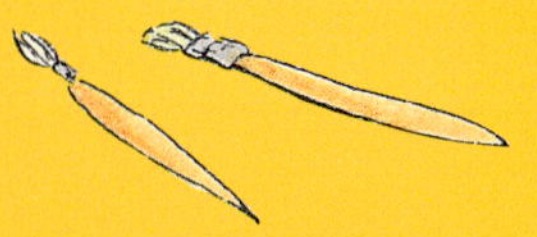

Lied singen und mit elementaren Schlaginstrumenten begleiten. Zu jeder Strophe ein Bild gestalten.
Eigene Strophen dichten und alle Bilder zu einem Buch zusammenfügen.

Höhlenklänge

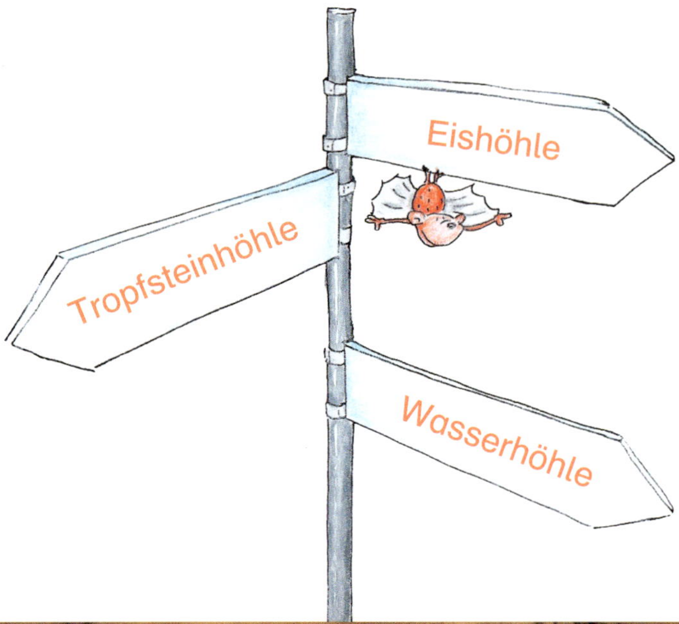

Zu den Bildern erzählen. Die „Höhlenmusiken“ CD 1/37–39 (Ausschnitte aus B. Hall: Terra Zona, J.-C. Chapuis: Luminescence, S. Rawcliffe: Aquaknots) hören. Merkmale der Musik beschreiben und jedes Hörbeispiel einer Fotografie zuordnen.

Mit dem Hörbeispiel CD 1/40 (J.-C. Chapuis: Luminescence) eine Fantasiereise in die Eishöhle unternehmen. Im Anschluss an die Reise mithilfe der dargestellten Situationen entscheiden, wie die eigene Höhlengeschichte erzählt werden soll. Alle Ergebnisse in einem Höhlenbuch sammeln.

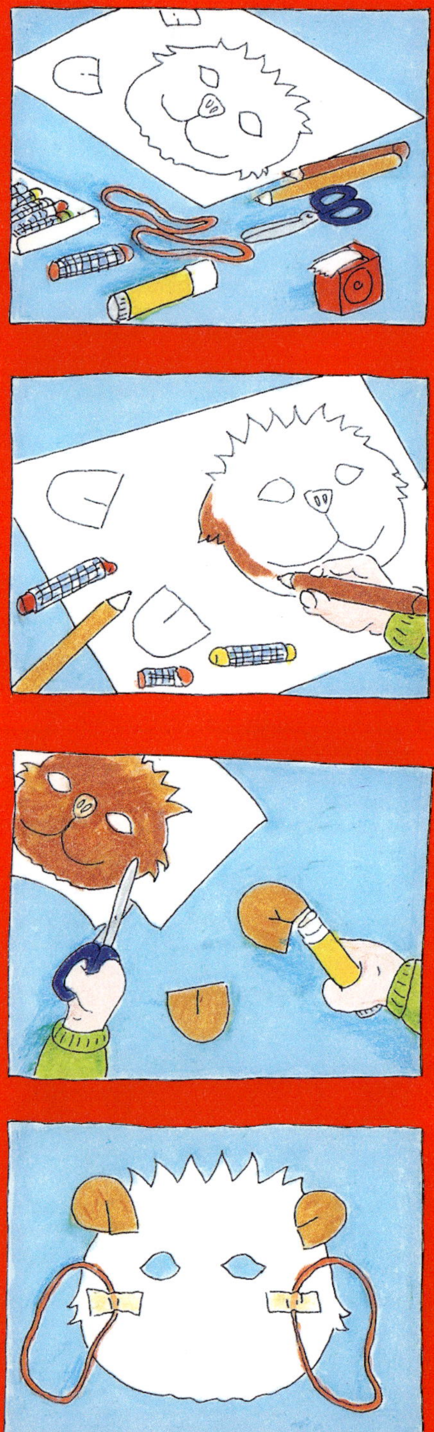

Björnen sover

❶ 41/42

Text und Melodie: mündlich überliefert aus Schweden

Bären ihren Höhlen zuordnen. Schwedischen und deutschen Liedtext zunächst rhythmisch sprechen, dann singen. Bärenmaske basteln und damit zum Lied spielen.

Schläft der Bär ❶ 43

deutscher Text: Margarete Jehn,
Melodie: mündlich überliefert

Schläft der Bär, der al-te Bär, in sei-ner Höh-le ein.

F E D C D E F

Lied mit Guiro und großer Trommel begleiten. Klangeigenschaften, Aussehen und Bezeichnung des Metallofons sowie der klingenden Stäbe kennenlernen. Verbesserung der Schlägelhaltung und -führung sowie des Anschlags. Textgebundenes Begleiten der ersten und dritten Liedzeile.

Hallo Bär ❷ 1

Text: F.-K. Waechter,
Melodie: Dorothée Kreusch-Jacob

Welche beiden Liedzeilen ist der kleine Bär gegangen?

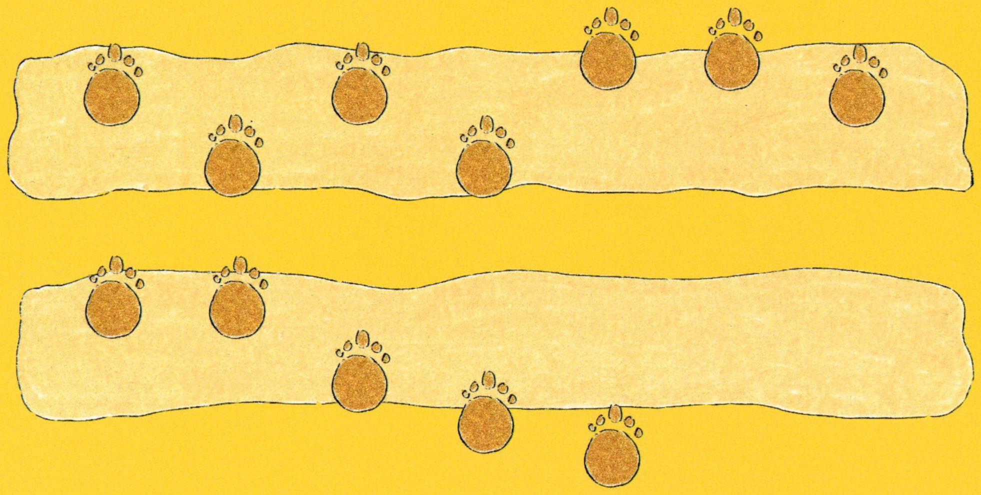

Lied singen und mit Masken spielen. Den Melodieverlauf mit der Hand zeigen.
Die abgebildeten grafischen Melodieverläufe Zeilen des Liedes zuordnen. Zusatzangebot: Die erste Liedzeile selbst grafisch notieren.

2. Da sind zwei kleine Bär'n.
   Die gern zu dreien wär'n.
   Hallo, hallo, ist da wer?
   Hello, little bear!

3. Da sind drei kleine Bär'n.
   Die gern zu vieren wär'n.
   Hallo, hallo, ist da wer?
   Hallo, petit ours!

4. Da sind vier kleine Bär'n.
   Die gern zu fünfen wär'n.
   Hallo, hallo, ist da wer?
   Merhaba, ayil!

5. Da sind fünf kleine Bär'n.
   Die gern zu sechsen wär'n.
   Hallo, hallo, ist da wer?
   …

Bären gemäß ihres „Flaggen-T-Shirts" einem Land und der damit verbundenen Sprache (Liedstrophe) zuordnen.
In der fünften Strophe die in der Klasse gesprochenen Sprachen hinzufügen.

Die drei Trolle

2 2/3

Text: Margarete Jehn,
Melodie: mündlich überliefert aus Dänemark

Den dargestellten Situationen verschiedene Ausrufe (Oh!, Ah!, …) zuschreiben. Diese ausdrucksvoll in das Lied integrieren.

Höhlenlied ❷ 4

Text und Melodie: Wolfgang Spode

2. Ob es draußen regnet, hagelt,
ob es stürmt und friert und schneit,
schön gemütlich ist die Höhle,
warm zu jeder Jahreszeit.

3. Kommen Freunde uns besuchen,
feiern wir das Wiederseh'n,
und wir rücken dicht zusammen,
eng wird's, aber trotzdem schön.

Eigene Höhle bauen und das Lied darin singen.

König Hupf der I.

Es war einmal ein König. Er lebte in einer mächtigen Burg in einem großen Land. Er hatte so viel Arbeit, dass er nie Zeit für Spaß und Spiele fand. Deswegen hatte er auch keinen Freund.

Spät in der Nacht, wenn alle Bewohner des Landes schon fest schliefen, zog auch er sich in sein königliches Schlafgemach zurück.
Sein Kopf war angefüllt mit Problemen und Sorgen, die ihn nicht einschlafen ließen, es sei denn, er konnte ein wenig in seinem Bett hüpfen. So kletterte er auf einen der elfenbeinernen Bettpfosten und hüpfte kopfüber in die seidenen Kissen. Immer und immer wieder.

Eines Nachts beobachtete ihn ein neugieriger Minister durch das goldene Schlüsselloch. Er blieb so lange, bis der König müde geworden und friedlich eingeschlafen war.

Am nächsten Tag wusste es das ganze Land.
Der König hüpft nachts im Bett!

Sogar die Tiere des Königs flüsterten es einander zu. Besorgt traten Minister, Edle und Weise des Hofes zusammen. Sie beschlossen, dass es unter der Würde eines Königs sei, im Bett Purzelbäume zu schlagen.

So blieb dem König nichts anderes übrig, als ein Gesetz zu unterschreiben, dass niemand im ganzen Land des Nachts im Bett hüpfen dürfe.
Nicht einmal der König.
Er wurde sehr traurig und wanderte ruhelos in mondhellen Nächten durch seine Parks.
Er fand keinen Schlaf mehr.

Die Sorgen drückten ihn so sehr, dass er schwer erkrankte. Die weisesten und berühmtesten Ärzte wurden an sein Krankenlager gerufen, aber ihre Medizin versagte.

Als die Stunde des Todes näher rückte, richtete der König eine letzte Bitte an seine Minister: „Lasst mich noch einmal hüpfen."
Behutsam wurde er auf den elfenbeinernen Bettpfosten gehoben, da er sehr schwach geworden war.

Dann hüpfte der König. Während er durch die Luft flog, lächelte er. „Der König hat gelächelt", riefen die Ärzte, und gleich durfte er ein weiteres Mal hüpfen.
Dann noch einmal und noch einmal, und je öfter er hüpfte, desto fröhlicher und stärker fühlte er sich.
Er sah so glücklich aus, dass plötzlich auch die Ärzte zu hüpfen begannen, danach die Minister und zu guter Letzt hüpfte der ganze Hofstaat. Dann hüpfte die Stadt und das ganze Volk. Alle lachten und weinten vor Freude und riefen: „Lang lebe unser König Hupf!"

Helme Heine

Vorlesen des König-Hupf-Märchens durch die Lehrerin oder den Lehrer; gegebenenfalls inhaltliche Klärung.

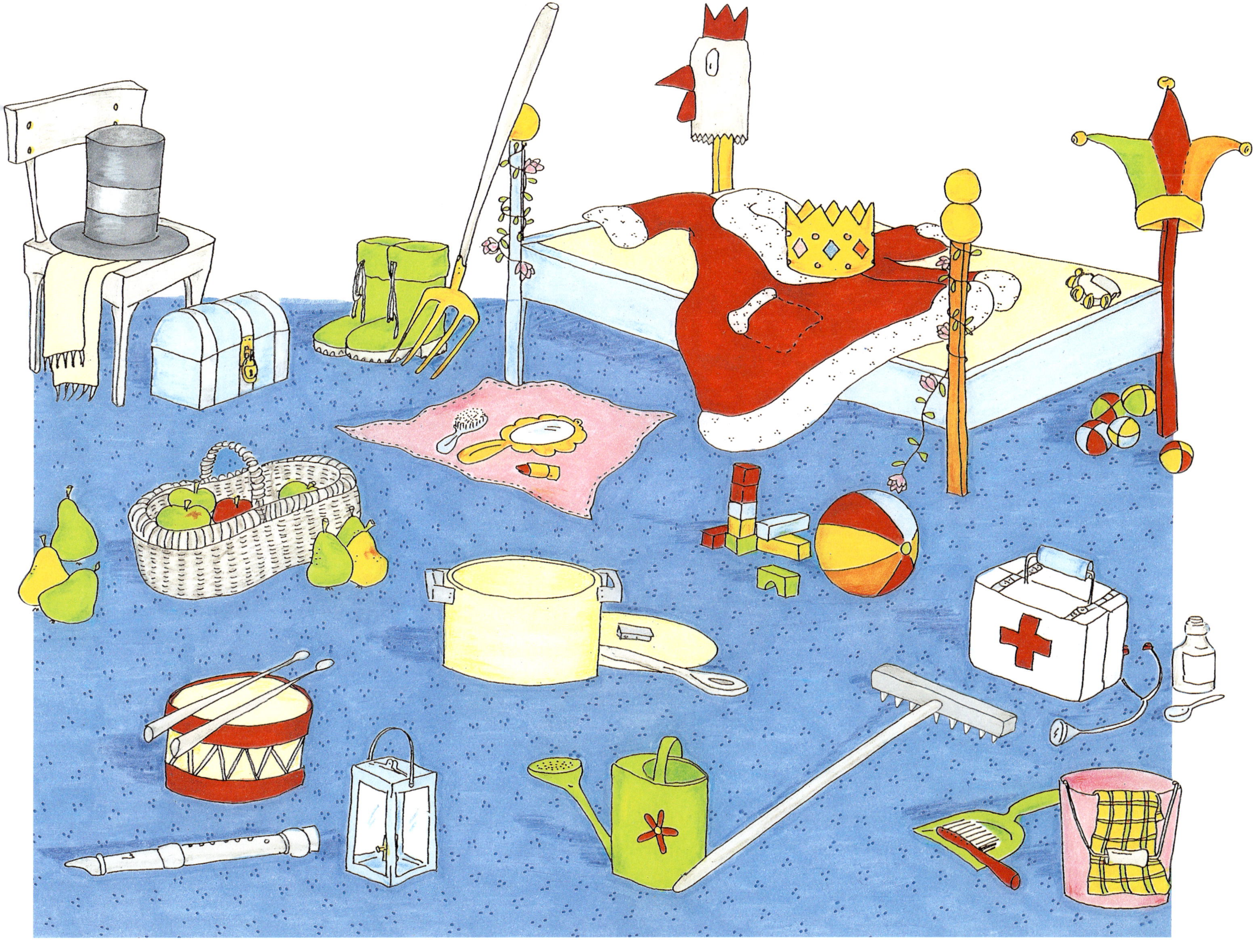

Anhand der Requisiten herausfinden, welche Personen in dem Stück mitspielen.

Kostüme und Requisiten mitbringen (lassen) und verteilen. Gang und Haltung in dem Kostüm erproben.

Inhalt der Geschichte anhand der Bilder nacherzählen. Gestaltungsvorschläge besprechen und umsetzen. Eigene Ideen einbringen.
Kulissen anfertigen. Die Tuschelei im Königreich („Der König hüpft nachts im Bett“) als Sprechstück rhythmisch gestalten.

König Hupf

❷ 5/6 　 5

Text: Birgit Braun-Rehm,
Melodie: Nadine Markovic (10 Jahre)

❷ 7

Mit den dargestellten Instrumenten experimentieren. Ein Klangspiel („Eine traurige Wandermelodie“) erfinden. Lied erlernen und „traurig“ singen. Zum Hörbeispiel CD 2/7 (H. Urabl: Freudige Hüpfmusik) gemeinsam einen Freudentanz erfinden. Verschiedene Richtungen und Raumebenen ausnutzen.

Morgens früh um sechs

Text: mündlich überliefert,
Melodie: Richard Rudolf Klein

Morgens früh um sieben
schabt sie gelbe Rüben.

Morgens früh um acht
wird Kaffee gemacht.

Morgens früh um neun
geht sie in die Scheun.

Morgens früh um zehn
holt sie Holz und Spän.

Feuert an um elf.
Kocht dann bis um zwölf.

Erzählen, was die kleine Hex zur jeweiligen Stunde macht.
Das Lied singen und spielen.

Im Lande Zimbi

❷ 8/9

Text und Melodie: Günther Kretzschmar

2. Und eines Tags auf grüner Au,
da sah ich eine kleine Frau,
die lief nach Zimbi hinterm Berg
und wurd die Frau vom Zauberzwerg.
Sie heißt Ippzippelippzippelonica, …

3. Und wenn du mal in Zimbi bist
und viele kleine Zwerge siehst,
die sind im ganzen weiten Land
den Leuten allen wohlbekannt.
Das sind: Ippzippelippzippelonici, …

Lied erlernen. Die rhythmisch und sprachlich außergewöhnlichen Namen zunächst sprechen, dann singen. Lockere Artikulation beachten!
Namen im Liedrhythmus mitspielen; dabei abwechseln zwischen Schellenring und Holzblocktrommel.

Dornröschen war ein schönes Kind

Text und Melodie: mündlich überliefert

2. „Dornröschen, nimm dich ja in Acht!"

3. Da kam die böse Fee herein.

4. „Dornröschen, du musst sterben!"

5. Da kam die gute Fee herein.

6. „Dornröschen, schlafe hundert Jahr!"

7. Da wuchs die Hecke riesengroß.

8. Da kam ein junger Königssohn.

9. „Dornröschen, wache wieder auf!"

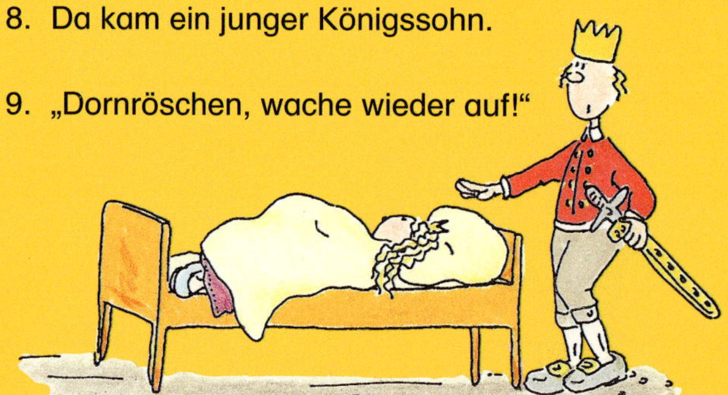

10. Sie feierten das Hochzeitsfest.

11. Da jubelte das ganze Volk.

Singen des Liedes als Kreisspiel mit verteilten Rollen.

Die Jahreszeiten

In aufgerichteter Haltung mit der Stimme Geräusche der Allee (Rauschen der Bäume, Rascheln der Blätter, Tierstimmen, …) imitieren. Aufnehmen, anhören und besprechen

Nachts in der Kastanienallee ② 10

Text und Melodie: Hilde Tenta

Lied singen. Das offene Ende des Liedes mit den bereits ausprobierten Geräuschen und Tierlauten gestalten.
Pausenzeiten des Liedes (x) zunächst klatschen, dann mit Kastanien mitspielen.

Das Lied in Vierteln oder Halben mit Kastanien, Schlägeln und Stabspielen (Töne d und a) beidhändig begleiten. Dabei Klangeigenschaften, Aussehen und Bezeichnung des Xylofons bzw. der klingenden Stäbe kennenlernen. Schlägelhaltung und -führung sowie verschiedene Anschlagsweisen erproben.

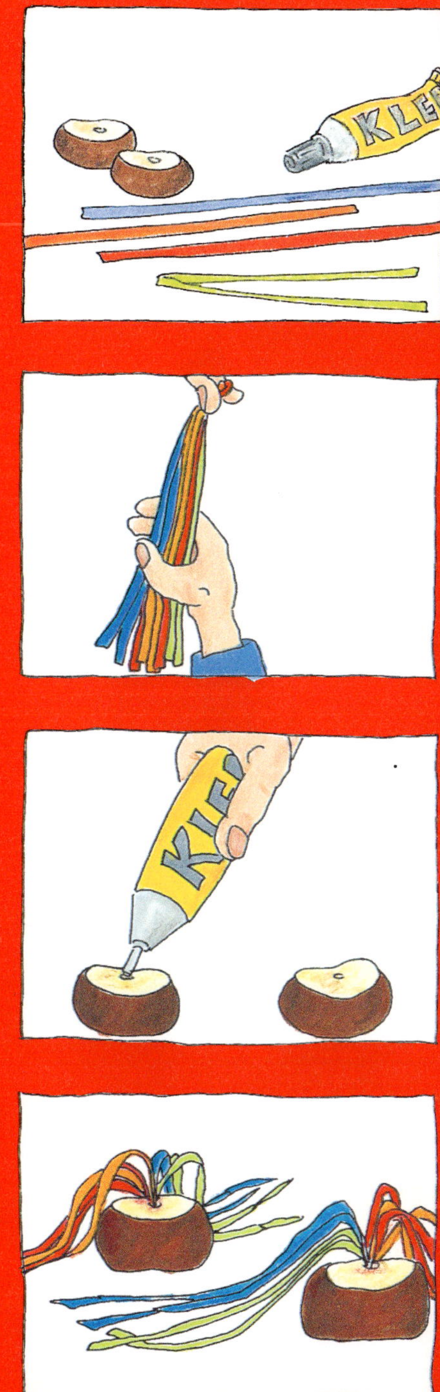

Kastanienkometen basteln. Zum Hörbeispiel CD 2/11 (H. Urabl: Pash-Pash) Entwicklung eigener Bewegungsformen mit den Kastanienkometen. Anlegen einer Tanzfolge mit der Klasse.

Was bringt uns denn der Herbst? ❷ 12/13

Text und Melodie:
Günther Kretzschmar

Was bringt uns …
2. Bringt Nüsse auf den Teller
und Birnen in den Keller.
Trala, …

Was bringt uns …
3. Er rüttelt an den Zweigen,
will seine Kraft uns zeigen.
Trala, …

Lied erlernen. In Gruppenarbeit herbstliche Mandalas legen und diese in geradlinigen und kurvigen Raumwegen umtanzen. Dabei unterschiedliche Raumebenen ausnutzen.

Was macht ein Regenwurm? ❷ 14/15

Text: Jörg Ehni,
Melodie: Uli Führe

2. Was macht
ein Buckelrind
bei Wind?
Es wiederkäut in guter Weil
und zeigt dem Wind sein Hinterteil.
Das macht
das Buckelrind
bei Wind.

3. Was macht
ein Elefant
im Sand?
Er steckt den Rüssel tief hinein
und sandet sich den Rücken ein.
Das macht
ein Elefant
im Sand.

4. Was macht
der Vogel Strauß
im Haus?
Er macht sich einen großen Spaß
und stellt sich in die Blumenvas'.
Das macht
der Vogel Strauß
im Haus.

Liedstrophen durch Vor- und Nachsingen erlernen.
Fantasieren, was die weiteren Tiere erleben könnten.

Wir denken nicht daran ❷ 16

Text und Melodie:
Bernd und Ulrike Meyerholz

Liedtext aufgrund rhythmischer Besonderheiten – zunächst in langsamem Tempo – sprechen. Gestische Darstellung des Textinhaltes erarbeiten.

Leucht, Laterne, leuchte

❷ 17/18

Text und Melodie:
Atze (Thomas Suttner)

2. Bläst der Wind mir ins Gesicht,
bläst mir in die Ohren.
Meine Handschuh find ich nicht,
hab sie wohl verloren.
Leucht, Laterne, leuchte, …

3. Und wenn ich dann bei dir bin
mit meiner Laterne,
kochst du mir schnell heiße Milch,
die trink ich so gerne.
Leucht, Laterne, leuchte, …

Lied erlernen. Den Wechsel von Strophe und Refrain (Kehrvers) durch Begleiten des Refrains (Kehrverses) mit dem Triangel bewusst nachvollziehen.

Es wird kalt

Mit Klangfarben auf der Handtrommel (oder auf anderen Fellinstrumenten) experimentieren.
Die Wettersituationen durch die unterschiedlichen Spielweisen (reiben, schlagen, klopfen, …) passend zum Klingen bringen.

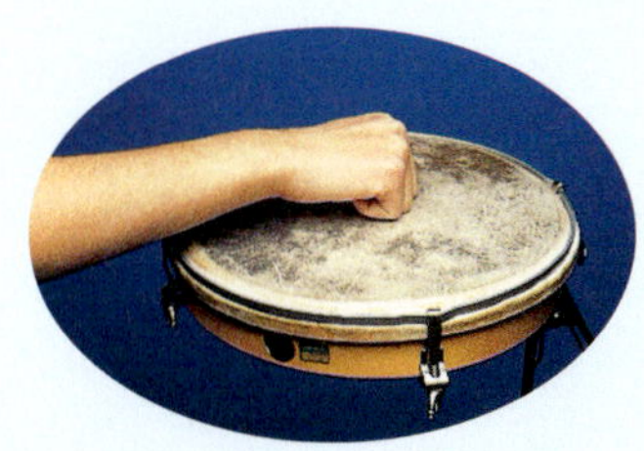

In Gruppenarbeit die einzelnen Wetterszenen zu einem Wetterklangspiel zusammenfügen. Dieses erklingen lassen.

Rätselspruch rhythmisch sprechen, dann – auftaktig angesungen – im Sprechgesang weiterführen. Aussehen und Bezeichnungen der Instrumente wiederholen bzw. kennenlernen. Charakterisieren der Klänge und Auswahl passender Instrumente für eine „Schneeflockenmusik“. Klangspiel aufnehmen, anhören, besprechen.

A, a, a, der Winter, der ist da

Text und Melodie: mündlich überliefert

2. E, e, e, er bringt uns Eis und Schnee!
Malt uns gar zum Zeitvertreiben
Blumen an die Fensterscheiben!
E, e, e, er bringt uns Eis und Schnee!

3. I, i, i, vergiss die Armen nie!
Wenn du liegst in warmen Kissen,
denk an die, die frieren müssen!
I, i, i, vergiss die Armen nie!

4. O, o, o, wie sind die Kinder froh!
Sehen jede Nacht im Traume
sich schon unterm Weihnachtsbaume.
O, o, o, wie sind die Kinder froh!

5. U, u, u, jetzt weiß ich, was ich tu!
Hol den Schlitten aus dem Keller
und dann geht es schnell und schneller!
U, u, u, jetzt weiß ich, was ich tu!

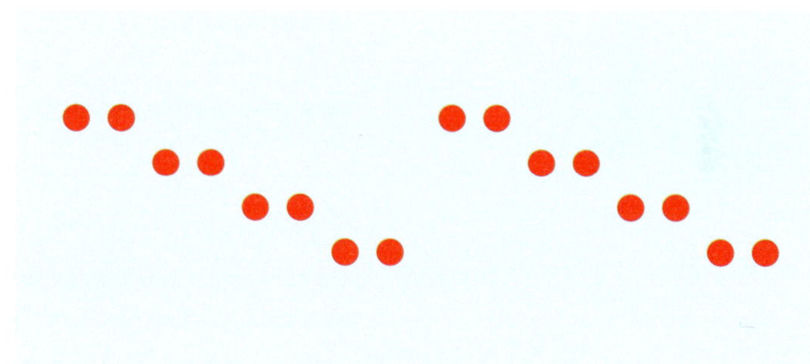

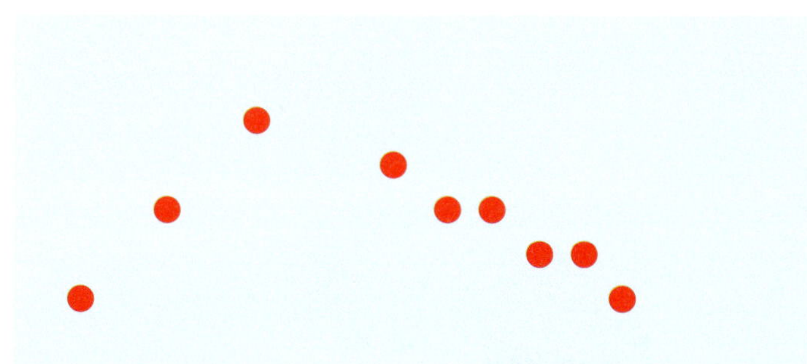

Lied erlernen. Bewusstes Formen und Spüren der einzelnen Vokale. Melodieverlauf mit der Hand zeigen, mit Handschuhen legen und grafisch notieren.

Zusatzangebot: Lied(anfang) auf einem Melodieinstrument mitspielen.

Erster Wintertag

❷ 19/20

Text und Melodie: Wolfgang Spode

2. Es sieht wie weiße Watte aus,
wenn sich die Wolken ballen
und weiße Flocken sanft und sacht
leis auf die Erde fallen.

3. Eisblumen auf dem Fensterglas,
die Pfützen hart gefroren!
Manch einer hat 'ne rote Nas
und frostig-kalte Ohren.

4. Drei Meisen sitzen dicht an dicht,
so ist es bei den Tieren.
Sie plustern sich, sie wärmen sich,
und keines braucht zu frieren.

5. Aus Schnee bau ich mir einen Freund,
soll mir die Zeit vertreiben.
Solange nicht die Sonne scheint,
wird er wohl bei mir bleiben.

Inhalt des Liedes mithilfe der Bilder erschließen/nachvollziehen. Die vielfältigen stimmbildnerischen Möglichkeiten des Liedes nutzen: Aufstehen (gähnen, recken, strecken), Staunen (Oh!, Ah!, …), Frieren (Brrr!), Eisblumen von den Fenstern hauchen, …

Schneeflockentanz ❷ 21

Text und Melodie: Wolfgang Spode

2. Sie wirbelt durch die Lüfte,
dahin in weißer Pracht.
Ich will euch einmal zeigen,
was die Schneeflocke macht.

3. Sie dreht sich um sich selber,
im Kreis und in der Acht.
Ich will euch einmal zeigen,
was die Schneeflocke macht.

4. Sie tanzt auch gern mit andern,
dann freut sie sich und lacht.
Ich will euch einmal zeigen,
was die Schneeflocke macht.

5. Dann schwebt sie still zur Erde,
behutsam und fein sacht.
Ich will euch einmal zeigen,
was die Schneeflocke macht.

Vor Liedbeginn imaginäre Schneeflocken vom Himmel greifen, diese wegpusten usw. Ausprobieren verschiedener Bewegungsmöglichkeiten mit Luftballons. Aneinanderfügen von Bewegungen zu einem zum Liedtext passenden Schneeflockentanz. Begleiten des Schneeflockentanzes mit Zimbeln und klingenden Stäben.

Lasst uns froh und munter sein

Text und Melodie: mündlich überliefert, aus dem Hunsrück

2. Dann stell ich den Teller raus,
   Nik'laus legt gewiss was drauf.
   Lustig, lustig, …

3. Wenn ich schlaf, dann träume ich:
   Jetzt bringt Nik'laus was für mich.
   Lustig, lustig, …

4. Wenn ich aufgestanden bin,
   lauf ich schnell zum Teller hin.
   Lustig, lustig, …

5. Nik'laus ist ein braver Mann,
   den man nicht g'nug loben kann.
   Lustig, lustig, …

Nikolausrassel nach Bastelanleitung basteln. Refrain (Kehrvers) mit der Nikolausrassel mitspielen. Dadurch den Wechsel von Strophe und Refrain (Kehrvers) bewusst nachvollziehen.

Ihr Kinderlein kommet

Text: Christoph von Schmid,
Melodie: Johann Abraham Peter Schulz

2. Da liegt es, das Kindlein, auf Heu und auf Stroh.
Maria und Josef betrachten es froh.
Die redlichen Hirten knien betend davor.
Hoch oben schwebt jubelnd der Engelein Chor.

3. O beugt wie die Hirten anbetend die Knie,
erhebet die Hände und danket wie sie!
Stimmt freudig, ihr Kinder, – wer wollt sich nicht freu'n? –
stimmt freudig zum Jubel der Engel mit ein.

Weihnachtsgeschichte anhand der Bilder rekonstruieren und erzählen.
Lied singen und mit klingenden Stäben und Triangel begleiten.

Frühlingserwachen

Eines Morgens ist der Frühling da.
Die Mutter sagt,
sie riecht ihn in der Luft.

Pit sieht den Frühling.
An den Sträuchern im Garten
sind hellgrüne Tupfen.

Anja hört den Frühling.
Neben ihr, auf dem Dach,
singen die Vögel.

Unten vor dem Haus
steigt Vater in sein Auto.
Er fühlt den Frühling.
Die Sonne scheint warm
auf sein Gesicht.

Aber schmecken
kann man den Frühling noch nicht.
Bis die Erdbeeren reif sind,
dauert es noch lange.

Christine Nöstlinger

Gedicht gut betont lesen. Dinge im Bild beschreiben, die man im Frühling riechen, sehen, fühlen, schmecken und vor allem hören kann. Geräusche des Alltags (Summen der Bienen, Fegen mit dem Besen, Blöken der Schafe, …) nachahmen. Ein – möglichst geräuschvolles – Frühlingsbild malen.

Hörbeispiel CD 2/22 (E. Grieg: Schmetterling) hören und spontan einem Tier (Schmetterling oder Maulwurf) zuordnen. Beim nochmaligen Hören Merkmale der Musik beschreiben und diese zur Begründung der Wahl heranziehen. Wesensmerkmale des Schmetterlings in freier Bewegung zur Musik umsetzen.

Der Maulwurf

2 23/24

Text und Melodie: A. Neupauer

Lied erlernen. Aussehen und Bezeichnungen der dargestellten Instrumente kennenlernen. Mit Klangeigenschaften und Klangfarben dieser Instrumente experimentieren. Vogelstimmen produzieren und den Maulwurf (in den Pausen des Liedes) mit diesen „wecken“.

Tragt Blumendüfte zum Maulwurfhaus!

2. Maulwurf, kleiner Spitzbub,
streck die Nase raus.
Blumendüfte strömen
in dein Maulwurfhaus.
Ja, Blumendüfte,
in dein Maulwurfhaus.
Ja, Blumendüfte,
in dein Maulwurfhaus.

3. Maulwurf, kleiner Frechdachs,
wirf dein Bett heraus.
Wärme strahlt die Sonne
in dein Maulwurfhaus.
Ja, Wär- Wär- Wärme,
in dein Maulwurfhaus.
Ja, Wär- Wär- Wärme,
in dein Maulwurfhaus.

Ein Duftwasser herstellen und Chiffontücher damit beträufeln. Mit dem Tuch verschiedene Bewegungsmöglichkeiten (am Platz und in der Fortbewegung) ausprobieren. In tänzerischer Form die Blumendüfte durch den Raum tragen.

Winter, ade

Text: Hoffmann von Fallersleben,
Melodie: mündlich überliefert

2. Winter, ade! Scheiden tut weh.
   Gerne vergess ich dein,
   kannst immer ferne sein.
   Winter, ade! Scheiden tut weh.

3. Winter, ade! Scheiden tut weh.
   Gehst du nicht bald nach Haus,
   lacht dich der Kuckuck aus.
   Winter, ade! Scheiden tut weh.

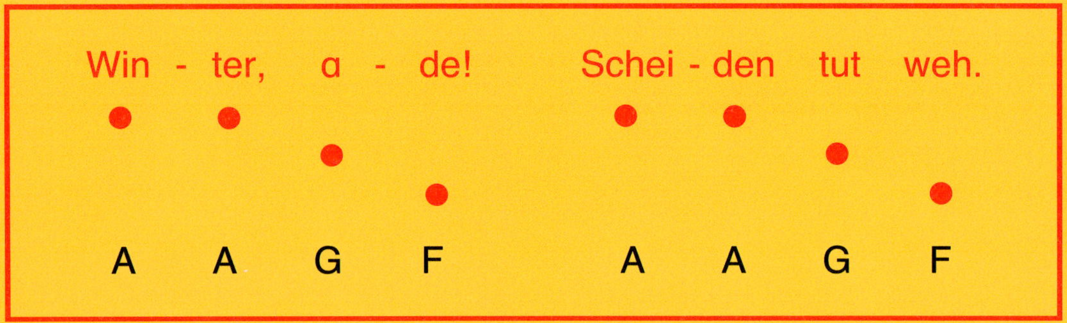

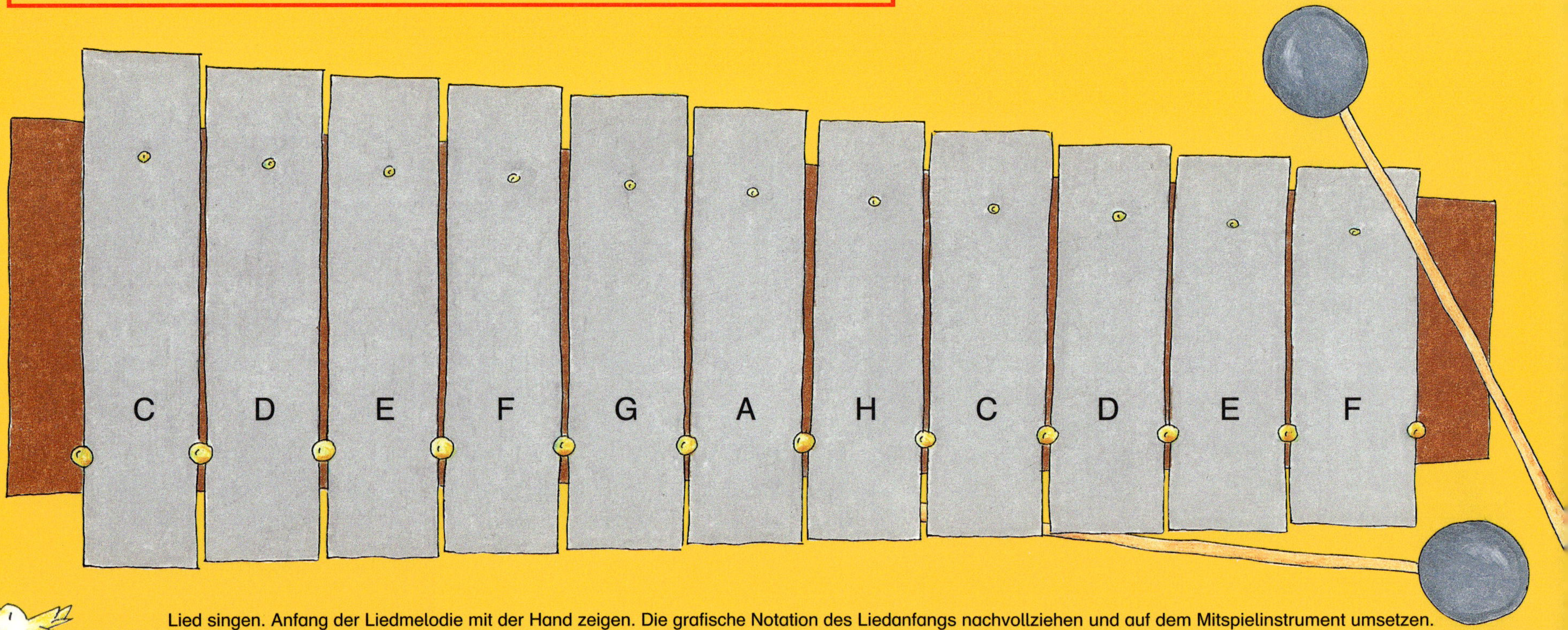

Lied singen. Anfang der Liedmelodie mit der Hand zeigen. Die grafische Notation des Liedanfangs nachvollziehen und auf dem Mitspielinstrument umsetzen.
Zusatzangebot: Lied(anfang) auf einem Melodieinstrument, z. B. auf der Blockflöte, mitspielen.

Die Blu – men tan – zen Rock 'n' Roll,

die Bäu – me trei – ben's auch ganz toll.

Die Vö – gel sin – gen laut im Chor,

der Wind flüs – tert uns was ins Ohr.

Kein Matsch, kein Eis, kein Schnee –

Winter a – de !

Die Blumen tanzen Rock 'n' Roll

❷ 25

Text und Melodie: Wolfgang Spode

2. Das Wetter ist so klar und mild,
die Halme sprießen heut wie wild.
Die Knospen platzen, ei der Daus,
da schauen bunte Blüten raus.
Kein Matsch, kein Eis, kein Schnee –
Winter ade!

3. Wir laden ein paar Freunde ein,
dann geht es los im Sonnenschein.
Mal querfeldein durch Wald und Flur
zur BMX-Gelände-Tour.
Kein Matsch, kein Eis, kein Schnee –
Winter ade!

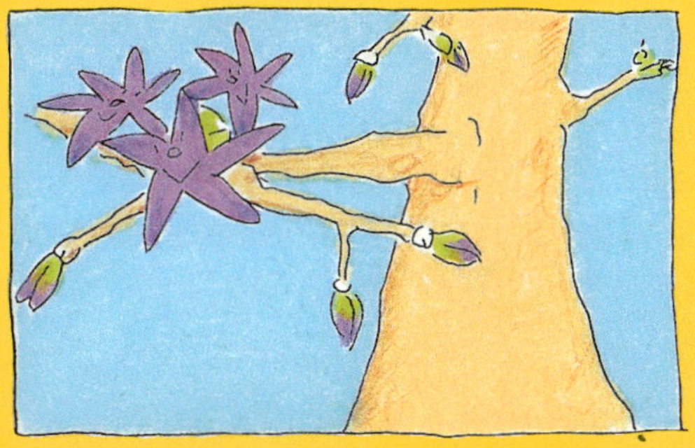

Liedtext mithilfe der Bilder erschließen/nachvollziehen. Alle drei Strophen des Liedes mit Körperinstrumenten rhythmisch begleiten.

Der Regen und die Sonne

❷ 26/27

Text und Melodie: Günther Kretzschmar

2. Der Regen möcht gern regnen,
die Sonne, die sagt: Nein,
die Leute brauchen heute
mal wieder Sonnenschein,
mal wieder Sonnenschein.

3. Da wird der Nebel zornig
und ruft den Schnee herbei,
und dann gibt's in den Wolken
'ne wilde Keilerei,
'ne wilde Keilerei.

4. So ist das, wenn ein jeder
das Wetter machen will,
bei uns heißt dieses Wetter:
April, April, April,
April, April, April.

Liedinhalt mithilfe des Comics erschließen/nachvollziehen.

Die Vögel wollten Hochzeit halten

Text und Melodie: mündlich überliefert

2. Die Drossel war der Bräutigam, die Amsel war die Braute.
3. Die Lerche, die Lerche, die führt die Braut zur Kerche.
4. Der Wiedehopf, der Wiedehopf, der schenkt der Braut 'nen Blumentopf.
5. Der Spatz, der kocht das Hochzeitsmahl, verzehrt die schönsten Bissen all.
6. Die Gänse und die Anten, das sind die Musikanten.
7. Der Pfau mit seinem bunten Schwanz, der führt die Braut zum ersten Tanz.

Verschiedene Vögel kennenlernen/wiedererkennen. Eine charakteristische Vogelmaske basteln.
Lied rollenverteilt spielen und singen.

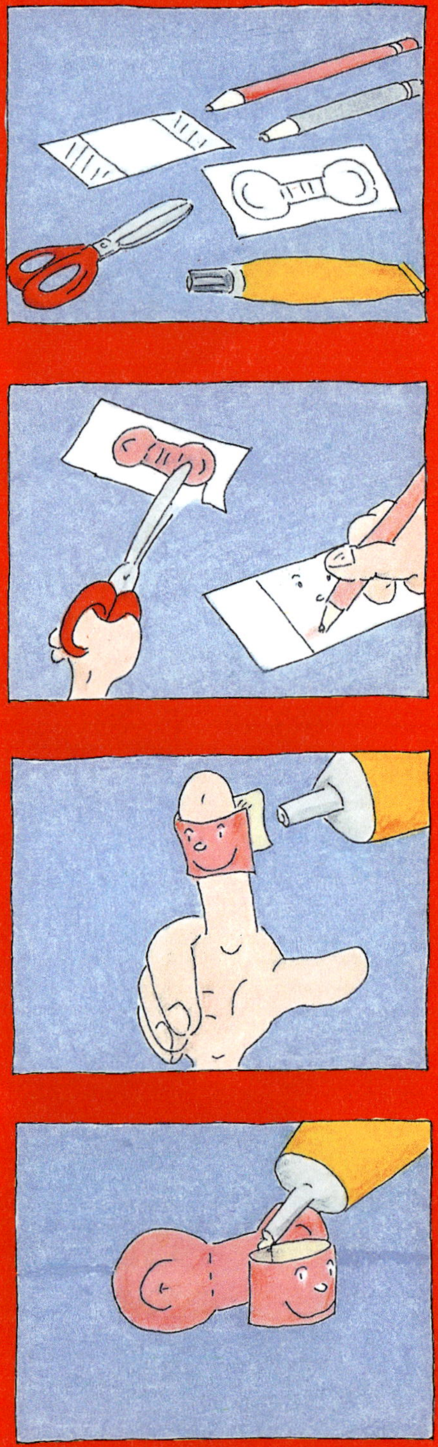

Öhrlis Musiksommer

Hei, hallo!
Ich heiße Öhrli!
Kannst du dir denken,
warum meine Freunde mich so nennen?
Na klar, um meine wunderschönen Ohren
beneiden mich viele.
Für mein Hobby brauche ich meine Ohren
ganz besonders.
Ich sammle nämlich Musik!
Du wirst staunen, wo ich schon überall Musik gehört habe.
Übrigens, wenn mir ein Musikstück gut gefällt, hole ich
schnell meinen Kassettenrekorder, um es aufzunehmen.
Oh, jetzt muss ich mich aber beeilen.
Da vorne höre ich gerade etwas …

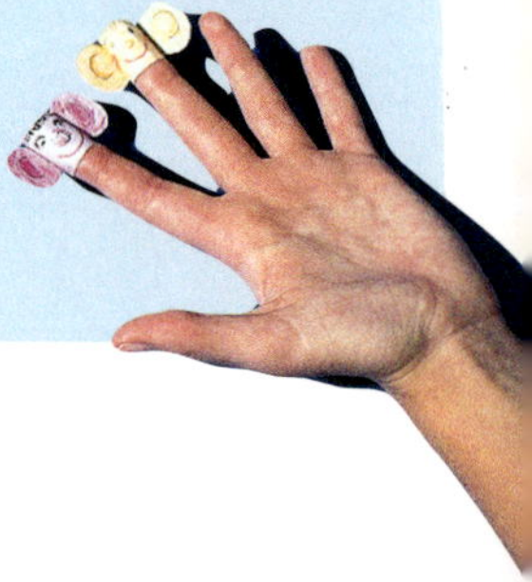

Durch Bild und Text Öhrli kennenlernen. Fingerpuppe basteln.

Hei, hallo ② 28/29

Text: Petra Küfner,
Melodie: Urte Gerlach

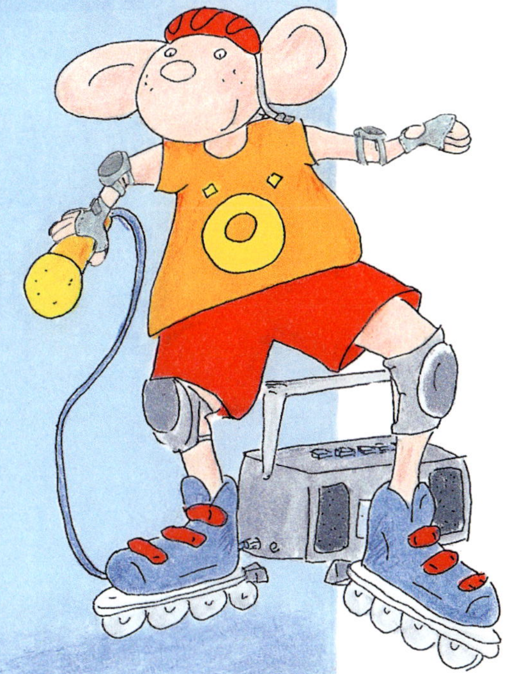

Wo hörst du Musik?

Lied singen und den Text mit der Fingerpuppe mitspielen. Besprechen, malen und aufschreiben, wo Musik im Alltag hörbar ist.
Im eigenen Wohn- oder Schulort mit einem Aufnahmegerät auf „Musiksammeltour“ gehen.

Hörbeispiele CD 2/30–34 (Musik an verschiedenen Orten) bewusst hören und diese ihren „Fundorten" zuordnen.
Die dargestellte Aktivität beschreiben und durchführen. Kirche: Lied singen; Musikschule (F. Schubert: The Bee): Flöte und Gitarre kennenlernen. Zur Musik malen; Volksfest (Bauer/Edelmann: Der Hans und der Wolfi): einzeln durch den Raum gehen, sich begrüßen, zu zweit tanzen.

Straßenmusik (V. Drabovich: Fantasie über weißrussische Themen): Im A-Teil in kleinen Schlangen durch den Raum laufen, im B-Teil Schlangen nacheinander zu einem Kreis zusammenfügen; Schwimmbad (The Chordettes: Lollipop): Refrain (Kehrvers) mit Körperinstrumenten begleiten.

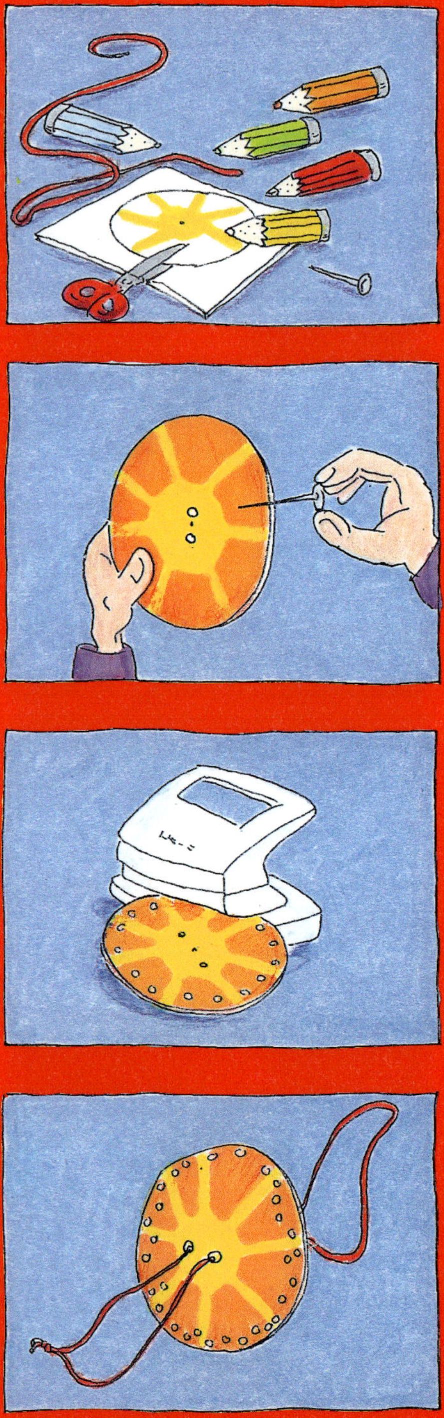

Sommerwind ❷ 35

Text und Melodie: Wolfgang Spode

2. Es scheint der warme Sommerwind
uns freundlich einzuladen
zum Spielen an der frischen Luft,
zum Wandern und zum Baden.

3. Es singt der warme Sommerwind
ein Lied hoch in den Bäumen
und du und ich, wir summen mit
und können dabei träumen.

4. Ich mag den warmen Sommerwind,
ich mag sein sanftes Wehen.
Ich möcht so gerne mit ihm zieh'n
und ferne Länder sehen.

Mithilfe einer festen Pappe (Ø = 8 cm) und einer Nylonschnur (ca. 150 cm) eine Windscheibe basteln.
Lied zwischen den einzelnen Strophen mit Windgeräuschen gestalten.

Kiša pada ❷ 36/37

Text und Melodie: serbokroatisch

Textbedeutung:
Es regnet, das Gras wächst,
alles ist grün.

Regen

p p
p p p – tsch
pa pa patsch
pitsch patsch
plitsch platsch plitsch

Hörst du den Regen erzählen?

Dorothea Zigldrum

Lied erlernen. Textbedeutung klären. Ein Sommer-Regengedicht rhythmisch akzentuiert sprechen und deutlich artikulieren.
Zusatzangebot: Mit elementaren Schlaginstrumenten eine „Regenmusik" erfinden.

Beim Sommerfest auf der Wiese

❷ 38

Text: Rolf Krenzer,
Melodie: Detlev Jöcker

2. Beim Sommerfest auf der Wiese, da ? die  herum.
Herauf und herunter, kopfüber, kopfunter und das ist ein herrlich Gebrumm.

3. Beim Sommerfest auf der Wiese, da ? die  ganz leis.
Herauf und herunter, kopfüber, kopfunter und drehen sich fröhlich im Kreis.

4. Beim Sommerfest auf der Wiese, da ? die  im Chor.
Herauf und herunter, kopfüber, kopfunter, das machen sie uns ganz toll vor.

5. Beim Sommerfest auf der Wiese, da ? die  ein Lied.
Herauf und herunter, kopfüber, kopfunter, da ? wir alle gleich mit.

Erste Strophe kennenlernen. Mithilfe der Vorgaben weitere Strophen dichten.

Ferien, Ferien

2 39/40

Text und Melodie: Wolfgang Spode

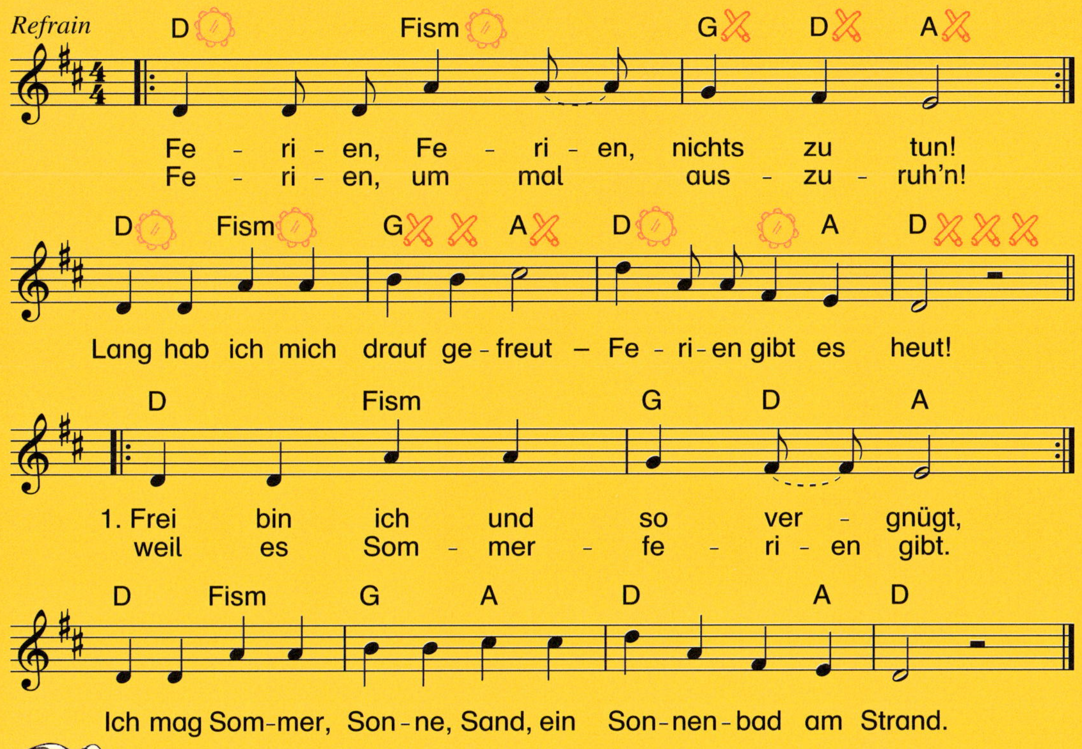

Ferien, Ferien …
2. Reisen um die halbe Welt,
einfach tun, was mir gefällt!
Wandern, Baden, Spiel und Spaß
und Faulenzen im Gras.

Ferien, Ferien …
3. Einer schwitzt im Wüstensand,
andre fahr'n nach Ameland.
Einfach mal was andres seh'n –
wer kann das nicht versteh'n?

Lied erlernen. Nach jeder Strophe gemeinsam den „Packspruch" sprechen. Dann vier zur grafischen Notation passende Dinge auswählen und diese rhythmisch sprechend und klatschend in den Koffer packen. Begleitung des Refrains mit Claves und Schellentrommel.

Lieder, Reime (R), Texte (T) und Gedichte (G) in alphabetischer Reihenfolge

Alphabetisches Werkverzeichnis

Liedquellen

6: Melodie und Text: Andreas Hantke, © Claudius Verlag, München
8: Melodie: Detlev Jöcker, Text: Lore Kleikamp, © Menschenkinder Verlag, Münster
9: Melodie: mündlich überliefert, Text: © Wilhelm Topsch
10: Text: mündlich überliefert, bearbeitet von Micaela Grüner
11: Melodie: Detlev Jöcker, Text: Lore Kleikamp, © Menschenkinder Verlag, Münster
13: Melodie und Text: Günther Kretzschmar, © Fidula-Verlag, Boppard/Rhein und Salzburg
16: Melodie und Text: Gerda Bächli, © Musikverlag Pan AG, Zürich
17: Melodie: Dorothée Kreusch-Jacob, Text: Frantz Wittkamp, © Patmos Verlag, Düsseldorf
18: Melodie und Text: © Klaus Neuhaus
19: Melodie und Text: © Christa Wißkirchen
20: Melodie und Text: Volker Rosin, © Moon-Records-Verlag, Düsseldorf
22: Melodie und Text: mündlich überliefert aus Mecklenburg
24: Melodie: Detlev Jöcker, Text: Lore Kleikamp, © Menschenkinder Verlag, Münster
25: Melodie: aus Thüringen, 19. Jahrhundert, Text: Jacob Grimm
26: Melodie und Text: mündlich überliefert aus Ghana
27: Melodie und Text: mündlich überliefert aus Portugal
28: Originalbeitrag
30: Melodie und Text: © Karl Franz
32: Melodie und Text: Volker Rosin, © Verlag gruppenpädagogischer Literatur, Wehrheim
33: Melodie: Diethard Wucher, Text: Wilhelm Twittenhoff, © Gustav Bosse Verlag, Kassel
34: Melodie und Text: Gerda Bächli, © Musikverlag Pan AG, Zürich
35: Melodie: Detlev Jöcker, Text: Rolf Krenzer, © Menschenkinder Verlag, Münster
38: Melodie und Text: mündlich überliefert aus Schweden
39: Melodie: mündlich überliefert, Text: Margarete Jehn, © Worpsweder Musikwerkstatt
40: Melodie: Dorothée Kreusch-Jacob, Text: F.-K. Waechter, © Patmos Verlag, Düsseldorf
42: Melodie: mündlich überliefert aus Dänemark, Text: Margarete Jehn, © Worpsweder Musikwerkstatt
43: Melodie und Text: Wolfgang Spode, © Fidula-Verlag, Boppard/Rhein und Salzburg
47: Originalbeitrag
48: Text: mündlich überliefert, Melodie: Richard Rudolf Klein, © Verlag Moritz Diesterweg, Frankfurt/M.
49: Melodie und Text: Günther Kretzschmar, © Fidula-Verlag, Boppard/Rhein und Salzburg
50: Melodie und Text: mündlich überliefert
53: Melodie und Text: Hilde Tenta, © Fidula-Verlag, Boppard/Rhein und Salzburg
56: Melodie und Text: Günther Kretzschmar, © Fidula-Verlag, Boppard/Rhein und Salzburg
57: Melodie: Uli Führe, Text: Jörg Ehni, © Fidula-Verlag, Boppard/Rhein und Salzburg
58: Melodie und Text: © Ulrike und Bernd Meyerholz
59: Melodie und Text: Thomas Suttner, © Drei Raben Verlag, Berlin
63: Melodie und Text: mündlich überliefert
64: Melodie und Text: Wolfgang Spode, © Fidula-Verlag, Boppard/Rhein und Salzburg
65: Melodie und Text: Wolfgang Spode, © Fidula-Verlag, Boppard/Rhein und Salzburg
66: Melodie und Text: mündlich überliefert, aus dem Hunsrück
67: Melodie: Johann Abraham Peter Schulz, Text: Christoph von Schmid
70: Melodie und Text: © A. Neupauer
72: Melodie: mündlich überliefert, Text: Hoffmann von Fallersleben
73: Melodie und Text: Wolfgang Spode, © Fidula-Verlag, Boppard/Rhein und Salzburg
74: Melodie und Text: Günther Kretzschmar, © Fidula-Verlag, Boppard/Rhein und Salzburg
75: Melodie und Text: mündlich überliefert
77: Originalbeitrag
78: Melodie und Originaltext: mündlich überliefert aus Israel, deutscher Text: Diethard Zils, © Gustav Bosse Verlag, Kassel
79: Originaltext: Beverly Ross, © 1958 by Edward B. Marks Music Corp., New York, D/A: Edition Jupiter Ralph Siegel KG, München
80: Melodie und Text: Wolfgang Spode, © Fidula-Verlag, Boppard/Rhein und Salzburg
81: Melodie und Text: serbokroatisch
82: Melodie: Detlev Jöcker, Text: Rolf Krenzer, © Menschenkinder Verlag, Münster
83: Melodie und Text: Wolfgang Spode, © Fidula-Verlag, Boppard/Rhein und Salzburg

Notensatz: prima nota GmbH, Korbach

Textquellen

12: Eisenbahn, Eisenbahn, mündlich überliefert
44: König Hupf der I., Helme Heine, © 1986 Michael Neugebauer Verlag, Verlagsgruppe Nord-Süd Verlag AG, Gossau Zürich, Schweiz
62: Wird's kalt, Originalbeitrag
68: Frühlingserwachen (Originaltitel: Der Frühling), © Christine Nöstlinger, Wien
81: Regen, Originalbeitrag

Bildquellen

Illustrationen: Dunja Schnabel, Hamburg

4: (Regenbogenfisch) Nord-Süd Verlag AG (Marcus Pfister), Zürich
4: (Die Maus) © I. Schmitt-Menzel/WWF, Die Sendung mit der Maus ® WDR, Lizenz: BAVARIA SONOR, 82031 Geiselgasteig
5: (Pippi Langstrumpf) Verlag Friedrich Oetinger, Hamburg
5: TABALUGA GMBH, © 1998 Pattloch Verlag GmbH & Co. KG, München, © 2000 TABALUGA GmbH. Lizenz durch EM. TV & Merchandising AG, Unterföhring. Tabaluga basiert auf einer Idee von Peter Maffay, Gregor Rottschalk, Rolf Zuckowski und Helme Heine
20: (Kinderzeichnungen) Friedrich Verlag, Seelze
28: Astrofoto (Haar), Leichlingen
36: (u.l.) laenderpress (Arndt), Mainz
36: (o.r.) Mauritius Bildagentur (Gritscher), Stuttgart
36: (u.r.) Picture Press (© E. Wrba), Hamburg
38: (2 Höhlen) Könemann Verlagsgesellschaft mbH, Köln 1997, aus: Daniel Wood, Bären, Fotos: Ian Stirling
38: (Braunbär) Helga Lade Fotoagentur (G. Kalden), Frankfurt/M.
38: (Eisbär) Wildlife (D.J. Cox), Hamburg
60: (o.l.) Bavaria Bildagentur (FPG), Düsseldorf
60: (o.r.) Mauritius Bildagentur (Thonig), Stuttgart
60: (u.l.) Blickwinkel, Witten
60: (u.r.) Zefa (Maehl), Düsseldorf
61: (l.) Mauritius Bildagentur (age), Stuttgart
62: (Schnee) Mauritius Bildagentur (Krischel), Stuttgart
67: © Kees de Kort
69: (o.) Zefa (L. Lenz), Düsseldorf
69: (u.) Photo Press (JBE), Stockdorf
75: (Pfau) Bavaria Bildagentur (ISP), Düsseldorf
75: Okapia (Drossel, Lerche u. Spatz/H. Reinhard, Wiedehopf/P. Weimann), Frankfurt/M.
75: Zefa (Amsel u. Ente/Krahmer, Gans/Lenz), Düsseldorf

Alle übrigen Fotos: Lutz Pape, Braunschweig

Die Instrumente wurden freundlicherweise zur Verfügung gestellt von der Städtischen Musikschule Braunschweig sowie von der Bundesakademie für kulturelle Bildung in Wolfenbüttel.

Druck A ^{8} / Jahr 2013
Alle Drucke der Serie A sind im Unterricht parallel verwendbar.

Redaktion: Urte Gerlach, Kathrin Hanne
Typografie, Layout und Herstellung: Nijole Küstner
Umschlaggestaltung: Jürgen Brohm
Druck und Bindung: westermann druck GmbH, Braunschweig

ISBN 978-3-14-**125021**-3

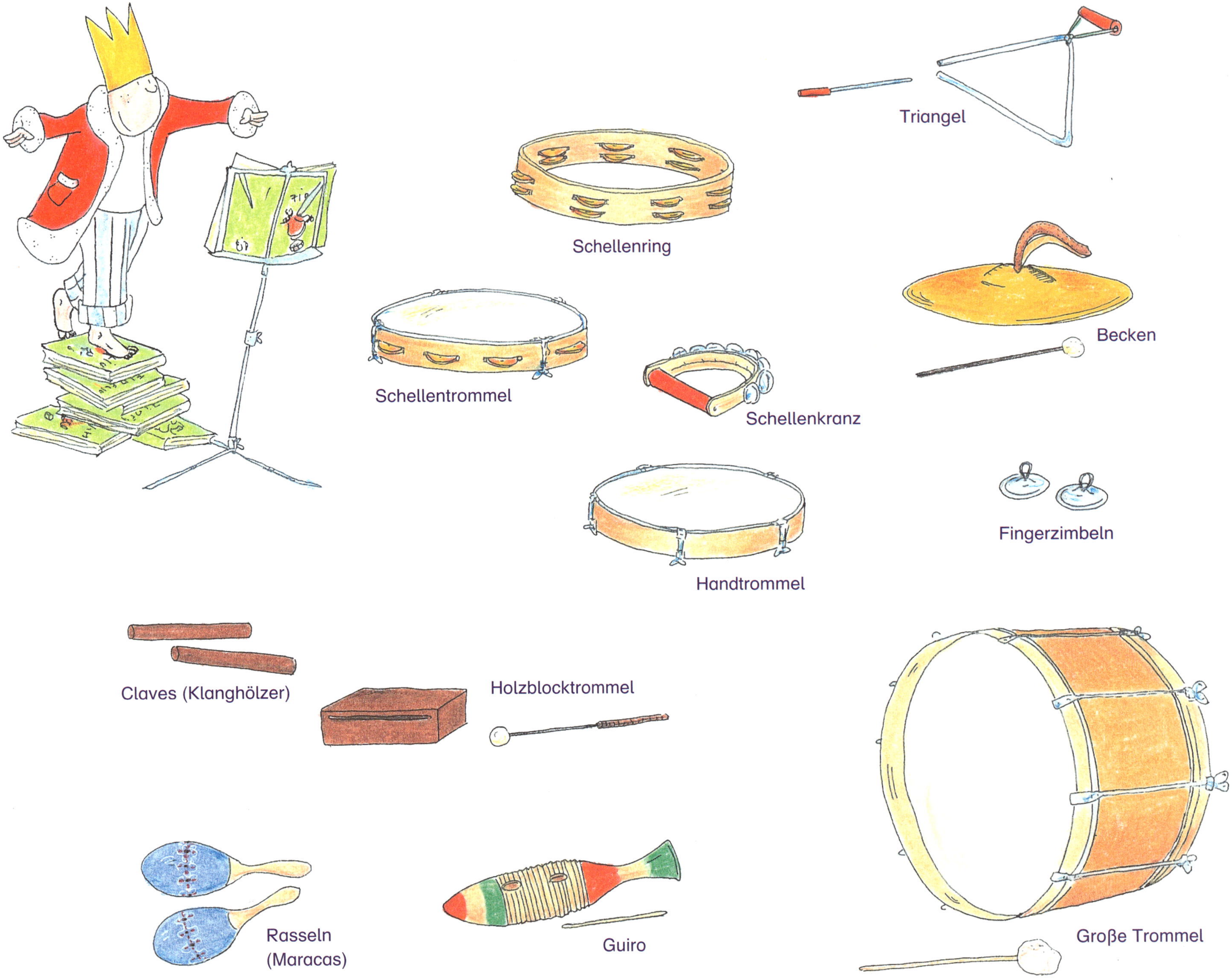
Triangel
Schellenring
Becken
Schellentrommel
Schellenkranz
Fingerzimbeln
Handtrommel
Claves (Klanghölzer)
Holzblocktrommel
Rasseln
(Maracas)
Guiro
Große Trommel